PROCÈS-VERBAL

DE

L'EXHUMATION DU CORPS

DE MONSEIGNEUR

LE DUC D'ENGHIEN,

Qui a eu lieu le 20 Mars 1816, en exécution des ordres du Roi.

A PARIS,

DE L'IMPRIMERIE ROYALE.

1816.

PROCÈS-VERBAL

DE L'EXHUMATION DU CORPS

DE MONSEIGNEUR LE DUC D'ENGHIEN.

L'AN mil huit cent seize, le mercredi vingt mars, nous Arnaud-Joseph de Laporte-Lalanne, conseiller d'état, chef du conseil de S. A. S. Monseigneur le Prince de Condé, membre de la Légion d'honneur;

Et Louis-Étienne-François Héricart-Ferrand de Thury, maître des requêtes, membre de la Chambre des Députés, colonel de la neuvième légion de la garde nationale de Paris, officier de la Légion d'honneur, ingénieur en chef au corps royal des mines;

Commissaires du Roi, nommés, en vertu de ses ordres, par Mgr le Garde des sceaux, Ministre de la justice, conformément à la lettre de Sa Majesté, en date du quinze du présent mois (1), pour dresser les actes relatifs à l'exhumation et à la translation dans une chapelle de dépôt établie dans le château de Vincennes, du corps de très-haut et puissant Prince LOUIS-ANTOINE-HENRI DE BOURBON-CONDÉ, DUC D'ENGHIEN, Prince du sang, Pair de France, né le deux août

____

(1) *Voyez* Pièces justificatives, n.º 1.

mil sept cent soixante-douze, fils de très-haut et puissant Prince LOUIS-HENRI-JOSEPH DUC DE BOURBON, Prince du sang, Pair de France, grand-maître en survivance, et de très-haute et puissante Princesse LOUISE-MARIE-THÉRÈSE-BATILDE D'ORLÉANS;

Assistés de M. le chevalier de Contye, maréchal-de-camp, gentilhomme et aide-de-camp de S. A. S. Monseigneur le Prince de Condé,

Et de M. le chevalier Jacques, colonel, aide-de-camp et secrétaire des commandemens de S. A. S. Monseigneur le Duc de Bourbon, et ci-devant de Monseigneur LE DUC D'ENGHIEN;

Lesquels nous ont été adjoints en vertu des ordres du Roi, dont Mgr le Garde des sceaux nous a donné communication :

Nous nous sommes transportés au château de Vincennes, où nous avons été reçus par M. le marquis de Puyvert, maréchal-de-camp, questeur de la Chambre des Députés, et gouverneur dudit château;

Lequel nous a introduits dans une salle servant provisoirement de salle de conseil.

Nous y avons trouvé réunis M. le comte Armand de Beaumont, colonel, lieutenant de roi du château;

M. le comte de Baschi du Cayla, pair de France, lieutenant général des armées du Roi, premier gentilhomme de la chambre de S. A. S. Monseigneur le Prince de Condé;

M. le vidame de Vassé, lieutenant général des armées du Roi, premier écuyer de S. A. S. Monseigneur le Prince de Condé, et ci-devant premier gentilhomme de la chambre de Monseigneur LE DUC D'ENGHIEN (son adjudant général);

M. le comte de Rully, pair de France, lieutenant général des armées du Roi, premier gentilhomme de la chambre de S. A. S. Monseigneur le Duc de Bourbon;

M. le comte de Pradel, directeur général de la maison du Roi, ayant, par *interim*, le portefeuille du ministre de la maison de Sa Majesté;

M. le marquis Aymer de la Chevalerie, maréchal-de-camp, aide-de-camp de S. A. S. Monseigneur le Prince de Condé;

M. le chevalier de Jaubert, écuyer de S. A. S. Madame la Duchesse de Bourbon;

M. de Jalabert, vicaire général du diocèse de Paris, le siége vacant;

M. Guérin, chevalier de Saint-Michel, médecin de S. A. R. Monseigneur le Duc de Berry et de S. A. S. Monseigneur le Prince de Condé;

M. Bonnie, ancien chirurgien de l'hôpital des Gardes françaises, et chirurgien de S. A. S. Monseigneur le Prince de Condé;

M. le comte Charles de Béthisy, maréchal-de-camp des armées du Roi, commandant la troisième brigade d'infanterie de la garde royale, membre de la Chambre des Députés;

M. de Saint-Félix, membre de la Légion d'honneur, premier aide des cérémonies de France;

M. le vicomte Charles de Geslin, second aide des cérémonies, chevalier de Saint-Louis, lieutenant-colonel de cavalerie;

M. Héricart de Montplaisir, docteur en médecine de la faculté de Paris, nommé commissaire du Roi;

M. Delacroix, chirurgien honoraire de S. A. S. Monseigneur le Prince de Condé, nommé commissaire du Roi;

M. de Champfort, maire de la commune de Vincennes;

M. l'abbé Roger, curé de la paroisse de Vincennes;

M. l'abbé Rougier, chapelain du château de Vincennes;

M. le marquis de Courtemanche, maréchal-de-camp, ci-devant premier aide - de - camp de Monseigneur LE DUC D'ENGHIEN;

. M. le comte Chaillon de Jonville, colonel, aide-de-camp de Monseigneur LE DUC D'ENGHIEN;

En présence desquels, et par continuation de l'enquête par nous faite le 18 présent mois (1), nous avons fait comparaître Madame Bon (Madeleine), ancienne religieuse, demeurant à Paris, rue de Picpus, n.° 31, chez M. Rochette, opticien, laquelle, après serment de dire vérité, a dit

Qu'étant, à l'époque du mois de mars mil huit cent quatre, maîtresse de pension à Vincennes, elle avait, entre autres élèves, les filles de Madame Harel, qui venaient prendre des leçons chez elle comme externes;

Que, le 20 mars, les ayant ramenées à leur mère sur les cinq heures de l'après-midi, elle vit arriver dans la cour du château une voiture à six chevaux, et en descendre un homme d'une figure et d'une taille distinguées, qui fut reçu par le sieur Bourdon, employé au château, et bientôt après par M. Harel, commandant;

Qu'étant montée chez la dame Harel, elle y apprit, de la bouche même du commandant, que ce personnage était vraisemblablement un Prince, que le S.ʳ Harel paraissait ne pas connaître; qu'elle ne put en savoir davantage, étant sortie

____

(1) *Voyez* la note n.° 3.

sur les six heures de chez Madame Harel, qu'elle laissa dans une douleur profonde ;

Que, le lendemain, on lui dit que le personnage qu'elle avait vu la veille était Monseigneur LE DUC D'ENGHIEN, lequel avait été fusillé dans la nuit, et enterré sur-le-champ dans les fossés ; qu'on lui en montra même la place, dans une enceinte au pied du pavillon de la Reine, fermée par un petit mur de quatre à cinq pieds de hauteur, et a signé après lecture faite.

Signé *Bon*, *Laporte-Lalanne*, et le vicomte *Héricart-Ferrand de Thury*.

La déclaration de Madame Bon ayant achevé de confirmer les indications qui nous avaient déjà été données sur le lieu où Monseigneur LE DUC D'ENGHIEN avait été inhumé, nous avons cru devoir nous abstenir d'en recevoir d'autres.

Et, vers l'heure de midi, M. le comte Anglès, ministre d'état, préfet de police, désigné par Sa Majesté pour légaliser l'exhumation par sa présence, étant arrivé et s'étant réuni à nous, nous sommes descendus dans les fossés, accompagnés des personnes ci-dessus dénommées, auxquelles s'étaient joints Madame Bon, le S.ᵣ Godard et le nommé Bonnelet ; ces deux derniers nous ont conduits à la place qu'ils nous avaient indiquée dans leur déclaration, au pied du pavillon de la Reine, et Bonnelet s'est mis au nombre des travailleurs.

Nous avons cru devoir, pour plus de sûreté, faire découvrir le terrain dans une étendue de dix pieds sur douze environ ; et au bout d'une heure et demie de travail, la fouille étant à-peu-près à quatre pieds de profondeur, on a découvert le pied d'une botte, et dès ce moment nous avons été assurés du succès de nos recherches.

4

MM. Héricart de Montplaisir, Delacroix, Guérin et Bonnie, sont descendus dans la fosse, et ont pris personnellement la direction des travaux, qui ont été continués avec les plus grandes précautions.

Le résultat en a été constaté dans le rapport qu'ils ont dressé, et qui est annexé au présent (1).

Les personnes les moins exercées pourront se convaincre, par la lecture de ce rapport, qu'il ne nous est rien échappé des restes précieux que nous avions à recueillir; nous en sommes particulièrement redevables au zèle religieux que MM. les médecins ont mis, non-seulement à diriger les travailleurs, mais à les remplacer eux-mêmes.

Après s'être assurés de la direction dans laquelle le corps était posé, ils se sont occupés de retirer, avec les plus grands ménagemens, et par parcelles, la terre qui le recouvrait. C'est ainsi qu'ils sont parvenus successivement à découvrir,

1.° Une chaîne d'or avec son anneau, que M. le chevalier Jacques a reconnue pour être celle que le Prince portait habituellement au cou, et qui a été en effet trouvée près de ses vertèbres cervicales : cette chaîne, et les petites clefs de fer qui accompagnent le cachet d'argent mentionné ci-dessous, nous avaient été annoncées d'avance par M. le chevalier Jacques, le fidèle compagnon d'armes de Monseigneur LE DUC D'ENGHIEN, qui s'est enfermé avec lui dans la citadelle de Strasbourg, d'où il a été conduit à Paris (séparé de son maître, qu'il ne lui a pas été permis d'accompagner), pour y subir toutes les rigueurs d'une longue captivité, à Sainte-Pélagie d'abord, et de là au Temple.

____

(1) *Voyez* Pièces justificatives, n.° 2.

2.° Une boucle d'oreille : l'autre n'a pas été retrouvée;

3.° Un cachet d'argent aux armes de Condé, encastré dans une aggrégation ferrugineuse fortement oxidée, et où nous avons reconnu plusieurs petites clefs de fer ou d'acier;

4.° Une bourse de maroquin à soufflet, contenant onze pièces d'or et cinq pièces d'argent ou cuivre;

5.° Soixante - dix pièces d'or, ducats, florins et autres, faisant vraisemblablement partie de ceux qui lui avaient été remis par M. le chevalier Jacques au moment de leur séparation, renfermés dans des rouleaux cachetés en cire rouge, dont nous avons trouvé quelques fragmens.

Tous ces objets, inventoriés par nous et M. le comte Anglès, ont été mis à part, et nous sommes restés chargés de ce précieux dépôt.

On a recueilli également des débris de vêtement, parmi lesquels se trouvent les deux pieds de botte, et des morceaux de la casquette, portant encore l'empreinte des balles qui les avaient traversés.

Ces débris, ainsi que la terre recueillie autour du corps, ont été réunis aux ossemens, et placés dans un cercueil de plomb.

Cette opération terminée, nous sommes remontés au château, le corps porté par des sous-officiers de la garde royale, escorté d'une garde d'honneur, et suivi d'un grand concours de militaires de tout grade de la garnison du château, et d'autres personnes qui avaient été témoins de l'exhumation.

Le cercueil a été déposé dans une salle provisoirement préparée pour le recevoir, en attendant le jour de demain, où il sera transporté dans la chapelle de dépôt qui lui est destinée.

Le cercueil a été recouvert, soudé par les plombiers, et renfermé dans une caisse de bois, avec cette inscription sur une plaque d'argent doré :

Ici est le corps de très-haut et puissant Prince LOUIS-ANTOINE-HENRI DE BOURBON - CONDÉ, DUC D'ENGHIEN, *Prince du sang, Pair de France, mort à Vincennes, le vingt-un mars mil huit cent quatre, âgé de trente-un ans, sept mois et dix-neuf jours.*

M. le chapelain du château a fait entourer le cercueil de cierges, et, assisté d'un autre ecclésiastique, il est resté pour réciter les prières de l'église.

M. le marquis de Puyvert a fait placer une garde à la porte de la salle, ainsi que dans les fossés à l'endroit où la fouille a été faite.

Fait au château de Vincennes, le mercredi vingt mars mil huit cent seize. Signé *Laporte-Lalanne,* le vicomte *Héricart-Ferrand de Thury,* le chevalier *de Contye,* le chevalier *Jacques,* le comte *Anglès,* le marquis *Aymer de la Chevalerie,* le comte *Armand de Beaumont,* le comte *de Baschi du Cayla,* le vidame *de Vassé,* le comte *de Pradel,* le vicomte *de Rully, Saint-Félix, Bonnie, Guérin; Jalabert,* vicaire général; *Charles de Geslin,* le général comte *Charles de Bethisy,* le marquis *de Courtemanche, Héricart de Montplaisir, Delacroix,* le chevalier *Jaubert, Champfort; Roger,* curé de Vincennes; l'abbé *Rougier,* chapelain; le général marquis *de Puyvert,* le comte *Chaillon de Jonville.*

LE jeudi vingt-un mars mil huit cent seize, nous, commissaires du Roi, nous étant transportés au château de

Vincennes, y avons trouvé rassemblées toutes les personnes dénommées dans les actes précédens.

A onze heures du matin, le clergé étant survenu, nous nous sommes tous rendus à l'endroit où le corps de Monseigneur LE DUC D'ENGHIEN avait été provisoirement déposé hier.

La levée du corps s'est faite avec les cérémonies d'usage ; et de suite nous nous sommes mis en marche, précédés du clergé, pour nous rendre au pavillon de la Porte du Bois, où était dressée la chapelle de dépôt, le cercueil porté par des sous-officiers des différens corps de la garde, et accompagné des *honneurs* que portaient les anciens officiers de la maison de Monseigneur LE DUC D'ENGHIEN ; savoir, M. le vidame de Vassé, son ancien adjudant général, la couronne ; M. le marquis de Courtemanche, son premier aide-de-camp, le collier de l'ordre du Saint-Esprit ; et M. le comte de Chaillon de Jonville, aide-de-camp du Prince, l'épée.

Toute la garnison était sous les armes, et rendait avec un respect religieux les honneurs militaires aux derniers restes d'un Prince qui, malgré les malheurs des temps, a laissé de profonds souvenirs dans les cœurs de tous les soldats français.

Au pied du pavillon, M. le marquis de Puyvert a fait faire halte, et, se tournant vers la troupe qui servait d'escorte, a dit :

SOLDATS,

« Cette pompe funèbre nous rappelle des souvenirs déchi-
» rans, mais bien chers à des cœurs français. Voilà tout ce qui
» nous reste d'un Prince si brave, digne rejeton d'une race

(12)

» féconde en héros. Ses premiers exploits nous promettaient
» encore un grand Condé. Leur éclat alarma l'insatiable
» ambition de ce tyran qui ravagea la France pour désoler
» l'Europe. Il fit de sa mort le gage sanglant d'une union
» régicide, et son atroce perfidie l'immola au pied de cet
» antique donjon, où le plus illustre de ses aïeux fonda le
» berceau de notre monarchie.

» Honorons sa mémoire par des regrets éternels, par un
» dévouement sans bornes à son auguste race ; et, pour lui
» rendre un dernier hommage digne de son cœur, jurons à
» ses mânes de vivre et de mourir, comme lui, fidèles à nos
» sermens, fidèles à nos Rois légitimes.

» Vive le Roi! Vivent à jamais les enfans de Saint Louis!
» Gloire aux Condés ! »

Ce discours, prononcé avec le sentiment qui l'avait inspiré,
a excité le plus vif enthousiasme ; les soldats versaient des
larmes, et, l'impression produite par le discours de M. le
gouverneur sur ceux qui avaient été à portée de l'entendre,
s'étant communiquée de proche en proche aux plus éloignés,
toutes les cours du château ont retenti des cris de *vive
le Roi!* C'est ainsi que, toutes les fois que l'occasion s'en
est présentée, nous avons pu reconnaître le bon esprit de
la garnison de Vincennes, et les sentimens de loyauté et de
dévouement à son Roi dont elle est animée.

C'est dans la salle même où s'est tenu le conseil de
guerre, la nuit du 20 au 21 mars, que l'on a cru devoir
établir la chapelle de dépôt. C'est là que les restes précieux
du Prince sont conservés à la vénération de ses anciens
compagnons d'armes, et des ames pieuses qui viendront y
offrir des prières d'expiation.

Nous les y avons déposés en attendant que l'ancienne Sainte-Chapelle, fondée par Saint Louis, et encore existante dans la cour du château, puisse les recevoir conformément aux intentions du Roi.

M. l'abbé Rougier, chapelain du château, à qui la garde en a été confiée, y est resté pour célébrer le saint sacrifice, tandis que nous nous rendions à l'église paroissiale, où, par les ordres de M. le grand-maître des cérémonies, un service solennel avait été préparé.

La messe a été célébrée par M. Duchilleau, ancien évêque de Châlons-sur-Saone, au milieu d'un concours tel, que l'église n'a pu contenir que la moindre partie des personnes qui auraient voulu ou dû y entrer.

M. Roger, curé de Vincennes, qui, pendant son émigration, a été à portée d'acquérir une connaissance personnelle des traits de bonté et de magnanimité dont se composait toute la vie de Monseigneur LE DUC D'ENGHIEN, s'est particulièrement attaché à les retracer; et ces traits, qui rappelaient à un grand nombre de ses auditeurs des souvenirs douloureux et chers, ont été accueillis par eux comme le plus pur et le plus digne hommage qui pût être rendu à la mémoire d'un héros, l'objet de leurs inconsolables regrets.

Après la cérémonie, nos fonctions étant terminées, nous sommes rentrés au château, dans la salle du conseil, et nous y avons clos le procès-verbal de nos opérations en présence des personnes nommées pour y concourir, et qui ont signé avec nous.

Fait à Vincennes, le jeudi vingt-un mars mil huit cent seize, à trois heures après midi.

Signé *Laporte-Lalanne,* le vicomte *Héricart-Ferrand de*

Thury, le chevalier *de Contye*, le chevalier *Jacques*, le comte *Anglès*, le marquis *Aymer de la Chevalerie*, le comte *Armand de Beaumont*, le comte *de Baschi du Cayla*, le vidame *de Vassé*, le comte *de Pradel*, le vicomte *de Rully*, *Saint-Félix*, *Bonnie*, *Guérin*; *Jalabert*, vicaire général; *Charles de Geslin*, le général comte *de Bethisy*, le marquis *de Courtemanche*, *Héricart de Montplaisir*, *Delacroix*, le chevalier *Jaubert*, *Champfort*; *Roger*, curé de Vincennes; l'abbé *Rougier*, chapelain; le général marquis *de Puyvert*, le comte *Chaillon de Jonville*; ✠ *Jean-Baptiste*, ancien évêque de Châlons-sur-Saone.

Pour copie conforme :

Les Commissaires du Roi,

LAPORTE-LALANNE, le vicomte HÉRICART-FERRAND DE THURY, le chevalier DE CONTYE, le chevalier JACQUES.

PIÈCES JUSTIFICATIVES.

[N.º 1.er]

Mons. le Garde des sceaux, nous avons ordonné que le corps de feu notre cousin et cher parent LE DUC D'ENGHIEN, enterré près du château de Vincennes, sera exhumé et transféré dans une chapelle qui sera érigée dans ledit château. Notre intention est que cette exhumation soit constatée par une enquête faite avec les solennités qui conviennent à cette triste circonstance. Vous en chargerez un conseiller d'état et un maître des requêtes, qui y assisteront de notre part, et rédigeront les actes relatifs à l'exhumation et dépôt du corps. Leur présence sera un témoignage de l'affection que nous portions à notredit cousin LE DUC D'ENGHIEN, de la profonde douleur que nous avons ressentie à l'occasion de la mort de ce jeune Prince, ainsi que des consolations que nous voudrions donner à ses illustres parens, après le crime détestable qui les a privés de leur plus chère espérance.

Et la présente n'étant à autre fin, je prie Dieu qu'il vous ait, Mons. le Garde des sceaux, en sa sainte et digne garde.

Fait à Paris, le quinzième jour de mars de l'an de grâce mil huit cent seize, et de notre règne le vingt-unième.

Signé LOUIS.

Par le Roi :

Le Garde des Sceaux, Ministre Secrétaire d'état,

Signé BARBÉ-MARBOIS.

[N.º 2.]

Procès-verbal de MM. les Médecins et Chirurgiens, Commissaires du Roi pour l'exhumation du corps de Monseigneur LE DUC D'ENGHIEN.

Nous soussignés, Héricart de Montplaisir, docteur médecin de la faculté de Paris, et Delacroix, chirurgien honoraire de S. A. S. Monseigneur le Prince de Condé,

Nommés par le Roi, et assistés de M. Guérin, médecin de S. A. R. Monseigneur le Duc de Berry et de S. A. S. Monseigneur le Prince de Condé, et de M. Bonnie, chirurgien de S. A. S. Monseigneur le Prince de Condé,

Certifions qu'étant descendus dans la fouille, nous avons constaté que le premier objet qui avait été aperçu, était un pied de botte contenant des ossemens que nous avons reconnus être ceux du pied droit, et que nous avons recueillis.

Ayant ensuite découvert dans leur tiers inférieur les os de la jambe à laquelle appartenait ce pied, leur position nous a fait présumer quelle pouvait être la situation du corps.

En continuant nos travaux, nous avons mis à découvert le coude du bras gauche; ce qui nous a fourni un indice de plus sur la direction du corps, et nous avons jugé, d'après l'élévation plus grande des pieds, que le corps et la tête devaient être plus profondément placés.

Nous avons alors fait creuser, sur l'un des côtés, dans la direction du corps, de manière à le pouvoir découvrir ensuite, au-devant de nous, partie par partie.

Nous avons d'abord procédé à la recherche de la tête, que nous avons trouvée brisée.

Parmi les fragmens, la mâchoire supérieure, entièrement séparée des os de la face, était garnie de douze dents.

La mâchoire inférieure, fracturée dans sa partie moyenne, était partagée en deux, et ne présentait plus que trois dents.

Dans la terre qui avoisinait les os du crâne, nous avons trouvé des cheveux.

Nous avons acquis la certitude que le corps était à plat sur le ventre, la tête plus basse que les pieds.

Nous avons ensuite découvert et enlevé successivement les vertèbres du cou avec une chaîne d'or, l'omoplate gauche, le bras et la main gauches ;

Le reste de la colonne vertébrale, l'omoplate droite, les côtes, le bras droit et la main alongés parallèlement au corps, sous lequel, et parmi des lambeaux de vêtement, on a trouvé des pièces d'or et une bourse de maroquin ;

Le bassin, dont l'os de la hanche gauche présentait, au-dessus de la cavité qui reçoit l'os de la cuisse, une fracture avec une échancrure circulaire ;

Les os de la cuisse, de la jambe et du pied du côté gauche, parfaitement en rapport entre eux, mais la cuisse écartée en dehors, et la jambe fléchie en dedans sur la cuisse ;

Enfin les os de la cuisse et de la jambe du côté droit.

Tous ces ossemens étaient complètement privés de parties molles, et généralement bien conservés.

A mesure que nous les avons recueillis, nous les avons présentés à MM. les commissaires du Roi, et ils ont été déposés, avec les terres environnantes, dans un cercueil de plomb, qui a été soudé en notre présence.

Fait au château de Vincennes, le mercredi 20 mars 1816.

Signé *Héricart de Montplaisir*, *Delacroix*, *Guérin*, *Bonnie* ;
le Ministre d'état, Préfet de police, comte *Anglès* ;
Laporte-Lalanne, le vicomte *Héricart-Ferrand de Thury*, le chevalier *de Contye*, le chevalier *Jacques*.

[N.º 3.]

NOTE.

Il avait été fait une enquête, le 18 mars (deux jours avant l'exhumation), pour constater le lieu où le corps de Monseigneur le Duc d'Enghien avait été enterré.

Les témoins entendus dans cette enquête ont unanimement déposé,

1.º Que Monseigneur le Duc d'Enghien était arrivé au château de Vincennes, le 20 mars, entre cinq et six heures de l'après-midi ;

2.º Qu'il avait été reçu, à la descente de voiture, par le S.ʳ Harel, commandant du château, et conduit dans une chambre où il avait été gardé à vue ;

3.º Que, dans la nuit suivante, il avait été traduit devant un conseil de guerre qui s'était tenu au pavillon de la Porte du Bois, jugé, et, immédiatement après, conduit dans les fossés, où il avait été fusillé par un détachement de la gendarmerie d'élite ;

4.º Que les gendarmes employés à l'exécution l'avaient sur-le-champ enterré tout habillé, dans une fosse préparée d'avance, à trois pas de là, derrière un mur servant à enclore un dépôt de décombres.

Deux des témoins ne s'étaient pas contentés de désigner le lieu dans leurs déclarations, en spécifiant que c'était *à l'angle et au pied du pavillon de la Reine;* ils avaient conduit les commissaires du Roi sur la place même où ils avaient vu, le lendemain de l'exécution, la fosse recouverte; et leur indication s'est trouvée tellement exacte, que l'endroit où le corps du Prince a été découvert, à quatre pieds de profondeur, était à peine distant de deux ou trois pieds de la place désignée.

————

www.ingramcontent.com/pod-product-compliance
Lightning Source LLC
Chambersburg PA
CBHW050731070726
47597CB00009B/3879